YOUR KNOWLEDGE HAS VALUE

- We will publish your bachelor's and master's thesis, essays and papers

- Your own eBook and book - sold worldwide in all relevant shops

- Earn money with each sale

Upload your text at www.GRIN.com
and publish for free

Bibliographic information published by the German National Library:

The German National Library lists this publication in the National Bibliography; detailed bibliographic data are available on the Internet at http://dnb.dnb.de .

Imprint:

Copyright © 2015 GRIN Verlag, Open Publishing GmbH
Print and binding: Books on Demand GmbH, Norderstedt Germany
ISBN: 978-3-668-07547-4

This book at GRIN:

http://www.grin.com/el/e-book/308689/empiries-apo-to-filandiko-ekpaideftiko-systima

Konstantinos Gkaravelas, Konstantinos Plakalis

Empiries apo to Filandiko Ekpaideftiko Systima

GRIN Publishing

GRIN - Your knowledge has value

Since its foundation in 1998, GRIN has specialized in publishing academic texts by students, college teachers and other academics as e-book and printed book. The website www.grin.com is an ideal platform for presenting term papers, final papers, scientific essays, dissertations and specialist books.

Visit us on the internet:

http://www.grin.com/

http://www.facebook.com/grincom

http://www.twitter.com/grin_com

ΕΜΠΕΙΡΙΕΣ ΑΠΟ ΤΟ ΦΙΛΑΝΔΙΚΟ ΕΚΠΑΙΔΕΥΤΙΚΟ ΣΥΣΤΗΜΑ

Γκαραβέλας Κων/νος

Πλακαλής Κων/νος

ΠΕΡΙΕΧΟΜΕΝΑ

Εισαγωγή

Το γυμνάσιο Κουτσελιού Ιωαννίνων είχε την χαρά και την τύχη να συμμετάσχει τον Ιανουάριο του 2015[1] με δύο εκπαιδευτικούς στο σεμινάριο με τίτλο «**Finnish Lessons for EU schools**» που πραγματοποιήθηκε από τον βέλγικο εκπαιδευτικό φορέα Eekhoutcentrum στο Joensuu της νοτιοανατολικής Φινλανδίας.

Εικόνα1: Το Joensuu στον χάρτη[2].

Κύριος στόχος ήταν να ενημερωθούμε, μαζί με άλλους 34 συναδέλφους από διάφορες χώρες της Ευρώπης, για το επιτυχημένο, με βάση διεθνής έρευνες[3], φιλανδικό εκπαιδευτικό σύστημα. Πριν αναφερθούμε στους βασικούς παράγοντες επιτυχίας, όπως τουλάχιστον εμείς τους εκλάβαμε και τους καταγράψαμε, θα αναφερθούμε συνοπτικά στη δομή του σεμιναρίου. Πιο συγκεκριμένα αυτό περιελάμβανε:

- Γενικές συζητήσεις για το φιλανδικό σχολείο και τα ποιοτικά στοιχεία του.
- Εστίαση στις βασικές πτυχές της φινλανδικής επιτυχία στο εκπαιδευτικό σύστημα και τον τρόπο που αυτή η επιτυχία θα μπορούσε να μεταφερθεί στις υπόλοιπες χώρες.
- Επισκέψεις σε σχολεία, κολέγια και πανεπιστημιακά ιδρύματα.
- Διαλέξεις και συζητήσεις με καθηγητές και διοικητικό προσωπικό.
- Πολιτιστική αλληλεπίδραση με τους υπόλοιπους καθηγητές και ανταλλαγή ιδεών στο πλαίσιο της διεθνούς ομάδας των εκπαιδευτικών.

---

[1] Συγκεκριμένα το σεμινάριο πραγματοποιήθηκε από 18.01 – 22.01 στα πλαίσια του προγράμματος ενδουπηρεσιακής κατάρτισης Erasmus+. Τίτλος του συγκεκριμένου προγράμματος: *A regional school is looking for innovation*
[2] Ο συγκεκριμένος χάρτης προέρχεται από την ιστοσελίδα http://www.discoveringfinland.com/travel/regions-cities/eastern-finland/joensuu/ (08.09.2015).
[3] Κυρίως την έρευνα PISA που πραγματοποιείται κάθε τρία χρόνια από το 2000 μέχρι και σήμερα.

Από τα παραπάνω προκύπτει ότι το συγκεκριμένο σεμινάριο δεν περιελάμβανε μόνο θεωρητικές πληροφορίες αλλά πρακτικές γνώσεις και βιωματικές εμπειρίες.

Γενικές Πληροφορίες

Η Φινλανδία κατά τη διάρκεια του δεύτερου μισού του $20^{ου}$ αιώνα ήταν μια χώρα με πολλά οικονομικά προβλήματα και ανεργία ενώ σε πολιτικό επίπεδο τη χαρακτήριζε η ουδετερότητα. Για το λόγο αυτό οι περισσότεροι Έλληνες τη γνώριζαν περισσότερο για τις συναντήσεις που κατά καιρούς λάμβαναν χώρα ανάμεσα στους εκπροσώπους του ΝΑΤΟ και της τότε Σοβιετικής Ένωσης στο ουδέτερο τότε Ελσίνκι παρά για οτιδήποτε άλλο.

Όσον αφορά την εκπαίδευση, και αυτή κινούνταν σε μέτρια επίπεδα. Μάλιστα σε έρευνες που πραγματοποιήθηκαν πριν το 1970 (όπως για παράδειγμα στη μεγάλη έρευνα που πραγματοποιήθηκε σε 12 χώρες από το 1961-1965 στα μαθηματικά) οι Φιλανδοί μαθητές παρουσίαζαν πολύ μέτριες επιδόσεις. Τα αποτελέσματα των ερευνών αυτών αποτέλεσαν την αφορμή για συζητήσεις και μια εκτενή προσπάθεια για μεταρρυθμίσεις.

Σήμερα η εικόνα τόσο όσον αφορά τη χώρα αλλά κυρίως όσον αφορά το φιλανδικό εκπαιδευτικό σύστημα είναι εντελώς διαφορετική αφού η Φινλανδία αποτελεί χώρα-πρότυπο στον χώρο της Εκπαίδευσης παγκοσμίως. Αυτό δεν είναι τυχαίο μιας και:

- Από το 2000 οι μαθητές της φιγουράρουν είτε στην κορυφαία είτε στις κορυφαίες θέσεις της παγκόσμιας κατάταξης του ΟΟΣΑ με τους καλύτερους 15χρονους μαθητές της υφηλίου (έρευνα PISA)[4]

- Το 99% των μαθητών ολοκληρώνει τη φοίτηση στην υποχρεωτική εκπαίδευση

- Μόλις 4% είναι το ποσοστό των παιδιών που εγκαταλείπουν γενικά το σχολείο!

---

[4] Παρόλο που στην έρευνα PISA του 2012 παρουσίασε μια μικρή πτώση.

3

Εικόνα1: Η δομή του φιλανδικού εκπαιδευτικού συστήματος[5]

Παράλληλα υπάρχουν και επιπρόσθετα στοιχεία που κάνουν το συγκεκριμένο εκπαιδευτικό σύστημα τόσο ξεχωριστό και που θα μπορούσαν να φαντάζουν παράδοξα στους υπόλοιπους ευρωπαίους πολίτες. Συγκεκριμένα:

- Οι μαθητές έχουν πολύ λιγότερη δουλειά για το σπίτι απ' ό,τι οι συνομήλικοί τους σε άλλες χώρες του κόσμου.

- Οι σχολικές μέρες της χρονιάς είναι λιγότερες από το τις αντίστοιχες σχολικές ημέρες που έχει το 86% των ανεπτυγμένων κρατών.

- Οι μαθητές υποβάλλονται μόνο μία φορά στο μαρτύριο των επίσημων εξετάσεων, στην τελευταία τάξη του σχολείου.

- Είναι περιορισμένη η σημασία του εκπαιδευτικού ανταγωνισμού ανάμεσα στους μαθητές σε αντίθεση με ότι συμβαίνει στις περισσότερες χώρες της Ευρώπης ή στις ΗΠΑ.

---

[5] Ο συγκεκριμένος πίνακας προήλθε από τη σελίδα http://www.hellasedu.gr/2010/09/blog-post_9527.html (1/9/2015)

4

Και όλα αυτά παρότι το κόστος για την υποστήριξη του φιλανδικού εκπαιδευτικού συστήματος για το ίδιο το φιλανδικό κράτος δεν είναι ανάλογα υψηλό και το ποσοστό επί του ΑΕΠ δεν ξεπερνά το 5,2% (είναι δηλαδή παρόμοιο με πολλές άλλες χώρες της Ευρωπαϊκής Ένωσης) και αποτελεί το 11,9% του συνόλου των δημόσιων δαπανών.

Τα παραπάνω οδήγησαν στο να βρίσκεται το φιλανδικό εκπαιδευτικό σύστημα στο επίκεντρο του ενδιαφέροντος της εκπαιδευτικής κοινότητας της Ευρώπης, αλλά και της Κίνας. Μάλιστα έχει υπογραφεί πρωτόκολλο συνεργασίας μεταξύ Φινλανδίας και Κίνας για να μελετήσουν οι Κινέζοι το εκπαιδευτικό σύστημα των Φιλανδών.

Η γενικότερη φιλοσοφία του εκπαιδευτικού συστήματος

Η φιλοσοφία του φινλανδικού εκπαιδευτικού συστήματος, όπως μας περιγράφηκε στις κατ ιδίαν συζητήσεις αλλά και όπως περιγράφεται στα φυλλάδια του ίδιου του φιλανδικού Υπουργείου Παιδείας, συνοψίζεται στα εξής:

1. Υπάρχει σταθερή εκπαιδευτική πολιτική και πολιτική της συναίνεσης στο χώρο της Παιδείας άσχετα με το κόμμα ή τα κόμματα που βρίσκονται κάθε φορά στην εξουσία. Αυτό σημαίνει ότι δεν γίνονται συχνά αλλαγές του εκπαιδευτικού συστήματος, ούτε όταν αλλάζει κυβέρνηση η χώρα, ενώ όταν γίνονται, αυτές δεν είναι ξαφνικές και ανατρεπτικές, αλλά σταδιακές και συνδέουν το παρελθόν με το μέλλον.

2. Στην Φινλανδία υπάρχει το αποκεντρωμένο σχολείο. Αυτό σημαίνει ότι το Εθνικό Εκπαιδευτικό Συμβούλιο δίνει μόνο τις βασικές κατευθυντήριες γραμμές της εκπαίδευσης ενώ για τις επιμέρους αποφάσεις και επιλογές υπεύθυνη είναι η διοίκηση σε τοπικό επίπεδο και μάλιστα σε συνεργασία με εκπαιδευτικούς και γονείς. Έτσι υπάρχει στενή συνεργασία του συνόλου της εκπαιδευτικής κοινότητας με το υπουργείο Παιδείας

3. Υπάρχει πνεύμα εμπιστοσύνης στα πρόσωπα αλλά και στο ίδιο το σύστημα από τους Φιλανδούς πολίτες. Οι Φιλανδοί εμπιστεύονται τους εκπαιδευτικούς τους, τις μεθόδους διδασκαλίας που χρησιμοποιούν και τον τρόπο αξιολόγησης των παιδιών-μαθητών. Παράλληλα υπάρχει συνεχής ενίσχυση του επαγγελματισμού και της εμπιστοσύνης στους εκπαιδευτικούς μέσα από το ίδιο το σύστημα. Αυτό πετυχαίνεται μέσα από συνεχή κατάρτιση και εξειδίκευση (σεμινάρια, ερευνητικά προγράμματα κ.τ.λ.), συνεχή

5

παιδαγωγική υποστήριξη αλλά παράλληλα με το να δείχνει το ίδιο το σύστημα εμπιστοσύνη στα στελέχη του παρέχοντας τους ελεύθερο πεδίο δράσης και την δυνατότητα αποφάσεων αλλά και ζητώντας τους τη συμμετοχή τους στον σχεδιασμό εκπαιδευτικών προγραμμάτων.

4. Είναι έκδηλη η αρχή της ουσιαστικής ισότιμης αντιμετώπισης όλων των μαθητών. Για να επιτευχθεί αυτό δημιουργούνται μικρά τμήματα (εμείς προσωπικά δεν είδαμε τμήμα μεγαλύτερο από 20 άτομα) υπάρχει ατομική υποστήριξη του κάθε μαθητή μέσα από ομάδες διαφορετικών ειδικοτήτων που ανταποκρίνονται στις ιδιαίτερες ανάγκες του (κοινωνικός λειτουργός, ψυχολόγος, νοσοκόμος, ειδικός επαγγελματικού προσανατολισμού, λογοθεραπευτής, κα) από την πρώτη κιόλας σχολική ηλικία.

5. Οι μαθητές προετοιμάζονται πρώτα απ' όλα για την καθημερινή ζωή ενώ στο επίκεντρο είναι ο ίδιος ο μαθητής και οι ανάγκες του. Για το λόγο αυτό στο φιλανδικό εκπαιδευτικό σύστημα δεν σχεδιάζεται ένα πρόγραμμα σπουδών, το οποίο χρησιμοποιείται υποχρεωτικά για όλους τους μαθητές, αλλά δίνεται ένα γενικότερο πλαίσιο και με βάση αυτό και λαμβάνοντας υπόψη τις ιδιαιτερότητες και τις ανάγκες των μαθητών, το σχολείο επικεντρώνει τον σχεδιασμό του με αποτέλεσμα να υφίστανται ακόμη και ατομικά εκπαιδευτικά προγράμματα (κάτι που φαντάζει ουτοπικό σε άλλες χώρες)!

6. Η δημόσια εκπαίδευση πρέπει να είναι σε όλα τα επίπεδα (πρωτοβάθμια, δευτεροβάθμια, τριτοβάθμια) πραγματικά δωρεάν για τους μαθητές. Αυτό σημαίνει καταρχάς ότι, όπως και στην Ελλάδα, τα βιβλία παρέχονται χωρίς κόστος για τους ίδιους τους μαθητές ενώ και η μεταφορά των μαθητών γίνεται δωρεάν στο σχολείο τους. Επίσης οι μαθητές στην Φινλανδία δεν χρειάζονται φροντιστήρια ή ιδιαίτερα εκτός σχολείου αφού μέσα στο δημόσιο εκπαιδευτικό σύστημα η διδασκαλία είναι πολύ υψηλού επιπέδου ενώ μέσα στο ίδιο το σχολείο τους μαθαίνουν αποτελεσματικά ξένες γλώσσες, πληροφορική, μουσικά όργανα κ.τ.λ.. Πολύ σημαντικό όμως είναι το γεγονός ότι στην Φινλανδία το κράτος αναλαμβάνει ανάμεσα στα άλλα και την δωρεάν διατροφή των μαθητών μέσα στο σχολείο μέσα από ένα εξισορροπημένο πρόγραμμα διατροφής προσαρμοσμένο στις διατροφικές ανάγκες των παιδιών. Αυτό, σύμφωνα με τους διευθυντές των σχολείων που επισκεφτήκαμε, δεν γίνεται μόνο για οικονομικούς λόγους (χωρίς φυσικά να μπορεί να παραβλέψει κανείς την οικονομική ελάφρυνση των γονιών μέσα από την συγκεκριμένη πρωτοβουλία του κράτους) αλλά κυρίως, όπως μας τόνισαν οι εκπαιδευτικοί των σχολείων, για λόγους προστασίας της υγείας των μαθητών. Οι ειδικοί στην Φιλανδία θεωρούν (και απ' ότι φαίνεται ορθώς) ότι οι μαθητές τρώγοντας στο σχολείο αποφεύγουν το γρήγορο ανθυγιεινό φαγητό σε φαστφούντ

ακόμη και αν επιστρέφοντας στο σπίτι οι γονείς τους απουσιάζουν. Έτσι κάθε μέρα, γύρω στις 11.30 με 12.00 στα σχολεία πραγματοποιείται ένα μεγάλο διάλλειμα όπου οι μαθητές (και συνήθως με πολύ μικρό κόστος και οι εκπαιδευτικοί) συγκεντρώνονται στο εστιατόριο του σχολείου για να γευματίσουν όλοι μαζί.

Εικόνα 2: Ένα δημοτικό σχολείο[6]

7. Υπάρχει τελική αποτίμηση του εκπαιδευτικού έργου στο τέλος της σχολικής χρονιάς. Η αποτίμηση αυτή παίρνει διάφορες μορφές ενώ δεν περιορίζεται μόνο στον μαθητή αλλά αφορά όλες τις πτυχές της σχολικής ζωής (εκπαιδευτικοί, υλικοτεχνικές υποδομές, εκπαιδευτικά προγράμματα κ.τ.λ.). Στο σημείο αυτό θα γίνει ενδεικτική αναφορά σε δύο μορφές αποτίμησης που δεν συναντώνται στην Ελλάδα. Καταρχάς οι επιδόσεις των μαθητών στην Φινλανδία δεν αξιολογούνται μόνο στα πλαίσια του ίδιου του σχολείου, αλλά και εξωτερικά αφού το κράτος διενεργεί τακτικά δειγματοληπτικές εθνικές αξιολογήσεις. Μάλιστα τα σχολεία που δεν συμμετέχουν, με βάση τον αρχικό σχεδιασμό, στην εξωτερική αξιολόγηση αγοράζουν πολλές φορές με δική τους πρωτοβουλία από το Εθνικό Συμβούλιο Παιδείας τα σχετικά τεστ επιδιώκοντας με αυτόν τον τρόπο τα ίδια να αξιολογηθούν. Παράλληλα, σύμφωνα με τους διευθυντές και τους εκπαιδευτικούς σε όλα τα σχολεία που

---

[6] Η εικόνα προήλθε από τη σελίδα http://www.zdnet.com/article/finlands-schools-are-designed-for-success/ (2/10/2015)

επισκεφτήκαμε, στο τέλος της κάθε σχολικής χρονιάς υπάρχει συνάντηση του διευθυντή της κάθε σχολικής μονάδας με τον κάθε ένα εκπαιδευτικό του σχολείου ξεχωριστά. Στη συνάντηση αυτή πραγματοποιείται ενδελεχής προγραμματισμένη συζήτηση για το πώς «κύλησε» η προηγούμενη σχολική χρονιά, αν ήταν επαρκής ο αρχικός σχεδιασμός, τι προβλήματα παρουσιάστηκαν και φυσικά για το αν επιτεύχθηκαν οι αρχικοί στόχοι. Όσο φυσιολογική και αν φαίνεται αυτή η διαδικασία στη χώρα μας δεν πραγματοποιείται κάτι τέτοιο, τουλάχιστον δεν προβλέπεται επίσημα και σε περίπτωση που αυτό πραγματοποιείται σε κάποιο σχολείο, αποτελεί φωτεινή απόδειξη. Μάλιστα οι ίδιοι Φιλανδοί εκπαιδευτικοί, έχοντας πολύ έντονη επαγγελματική συνείδηση, πολλές φορές επιζητούν τέτοιου είδους συζητήσεις όχι μόνο με τον διευθυντή αλλά και με άλλους συναδέλφους.

8.   Η Δια Βίου Μάθηση είναι στο επίκεντρο. Αυτό σημαίνει ότι υπάρχει τόσο η απαραίτητη νοοτροπία (ίσως η κατάλληλη νοοτροπία είναι το βασικότερο όπλο του φιλανδικού συστήματος) όσο και οι αναγκαίες δομές, ώστε οι πολίτες της συνεχώς να έχουν τη δυνατότητα να επιμορφώνονται, να βελτιώνονται στην δουλειά τους και να γίνονται με αυτόν τον τρόπο διαρκώς πιο ανταγωνιστικοί στο χώρο τους.

Τα φιλανδικά σχολεία

Τα φιλανδικά σχολεία δεν αποτελούν μόνο χώρο μάθησης (την ώρα των μαθημάτων) αφού οι μαθητές μπορούν να χρησιμοποιήσουν τις εγκαταστάσεις του σχολείου για να γευματίσουν (όπως αναφέρθηκε πιο πριν κάθε σχολείο έχει το εστιατόριό του), να διαβάσουν, να χαλαρώσουν ακούγοντας μουσική ή σερφάροντας στο διαδίκτυο, να κάνουν αθλητισμό κλπ.. Για το λόγο αυτό και σε αντίθεση με τα αντίστοιχα ελληνικά σχολεία, τα φιλανδικά σχολικά κτήρια διαθέτουν πολλούς ανοικτούς χώρους, σαλονάκια για τους μαθητές, γυάλινους τοίχους, έξυπνο σχεδιασμό, εξαιρετική μόνωση(τα περισσότερα κτίρια είναι παθητικά κτίρια), βιβλιοθήκες και πολλούς υπολογιστές.

Έτσι δίνουν μια αίσθηση ενός φιλικού χώρου ή ακόμα και οικογενειακού όπου οι μαθητές μπορούν να νιώσουν άνετα και να εκφραστούν αποτελεσματικά. Σε αυτό συμβάλει και το γεγονός ότι τα σχολεία είναι χώροι οικείοι στα παιδιά δεδομένου ότι οι μαθητές θα είναι εκεί από τη νηπιακή ηλικία μέχρι τα 16. Μάλιστα οι ειδικοί στη Φινλανδία θεωρούν πως η ενιαία σχολική δομή σημαίνει δύο πράγματα:

α. ότι το προσωπικό ξέρει τους μαθητές και τις οικογένειές τους πολύ καλά,

β. ότι τα παιδιά αισθάνονται ασφαλέστερα, υπάρχει μικρή πιθανότητα του φόβου για το άγνωστο και μια πιο εύκολη μετάβαση στα εφηβικά χρόνια.

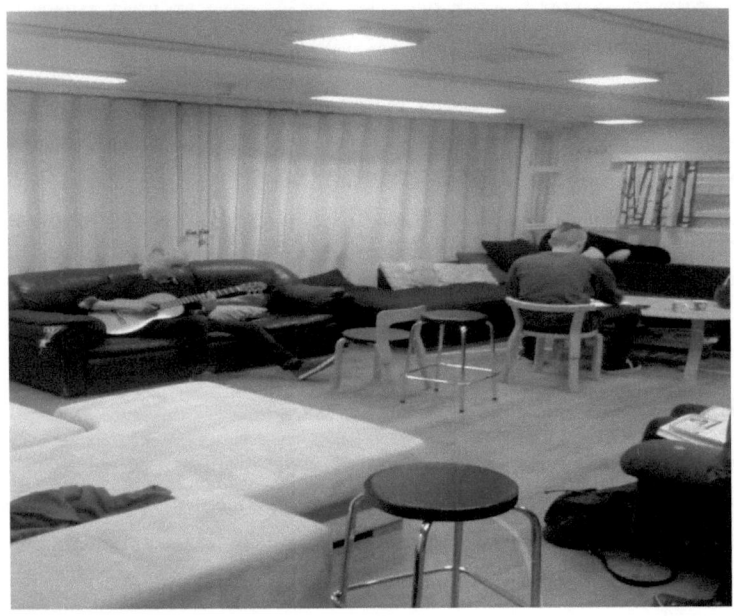

Εικόνα 3: Κοινόχρηστο σαλονάκι

Εικόνα 4: Κοινόχρηστος χώρος σε Λύκειο

Όσον αφορά την υλικοτεχνική υποδομή αλλά και τους χώρους διδασκαλίας δεν παρατηρήθηκε καμία έλλειψη στα σχολεία που επισκεφτήκαμε. Μάλιστα παντού υπήρχαν πλήρως εξοπλισμένες όλες οι απαραίτητες αίθουσες (αίθουσες για κάθε ξένη γλώσσα ξεχωριστά, αίθουσα βιολογίας – γεωγραφίας, εργαστήριο χημείας, εργαστήριο φυσικής, αίθουσα καλλιτεχνικών, αίθουσα μουσικής τέλεια εξοπλισμένη) ενώ όλα τα σχολεία διέθεταν αμφιθέατρο και κλειστό γυμναστήριο. Παράλληλα όλες οι τάξεις διέθεταν επιδιασκόπιο, ραδιόφωνο, τηλεόραση, βίντεο και έναν Η/Υ συνδεδεμένο με το Διαδίκτυο. Σε όλους τους χώρους υπήρχαν οι απαραίτητοι φωριαμοί για τους μαθητές ενώ τα θρανία προορίζονται κυρίως για έναν μαθητή, είναι συνήθως άσπρα χωρίς την σιδερένια θήκη που διαθέτουν τα θρανία στα ελληνικά σχολεία. Τέλος σε κανένα σχολεία δεν παρατηρήθηκαν φαινόμενα βανδαλισμού και καταστροφές.

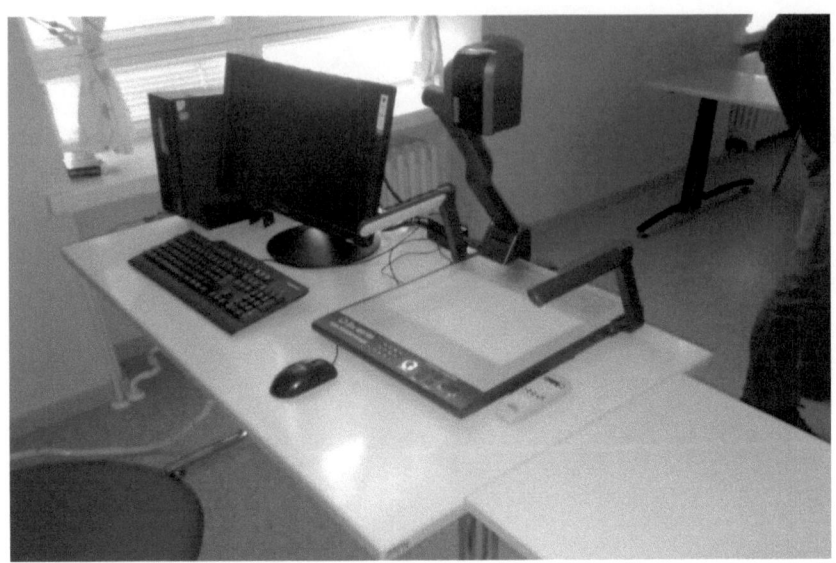

Εικόνα 5: Μέρος από τον εξοπλισμό μιας τάξης.

Εικόνα 6: Διδασκαλία σε τριτοβάθμιο ίδρυμα

Εικόνα 7: Τεχνική εκπαίδευση

Οι εκπαιδευτικοί

Πολλοί είναι οι παράγοντες που συνέβαλαν στην τόσο θετική εικόνα που παρουσιάζει το φιλανδικό εκπαιδευτικό σύστημα. Σύμφωνα με τον Sahlberg όμως (2013: 153) τον σημαντικότερο παράγοντα αποτελούν οι ίδιοι οι εκπαιδευτικοί, οι οποίοι με την επιστημονική κατάρτιση αλλά και την ευσυνειδησία τους έχουν συμβάλει τα μέγιστα στην σημαντική βελτίωση της εκπαίδευσης.

Οι εκπαιδευτικοί στην Φινλανδία δεν προσλαμβάνονται από το κεντρικό κράτος αλλά από τους τοπικούς δήμους σε συνεργασία με τον διευθυντή της σχολικής μονάδας αλλά και το συμβούλιο των γονέων ύστερα από δική τους σχετική αίτηση. Οι ίδιοι πληρώνονται από τους δήμους και έχουν ένα μέσο εισόδημα (σύμφωνα με δικές τους μαρτυρίες) περίπου 31,500€ (περίπου 2500 καθαρά / 3500 μικτά)-(το κόστος ανά μαθητή είναι περίπου 5,500€ το χρόνο, δηλαδή αντιστοιχεί ένας καθηγητής/δάσκαλος ανά 6 παιδιά!). Το ποσό αυτό δείχνει ότι ο πλουτισμός δεν είναι ο κύριος παράγοντας που επιλέγουν πολλοί αυτό το επάγγελμα, μιας και σε σχέση με το εξαιρετικά υψηλό κόστος ζωής της Φιλανδίας δεν είναι ιδιαίτερα ελκυστικό (η προσωπική μας εμπειρία από εστιατόρια, καφετέριες, πολυκαταστήματα και σούπερ μάρκετ έδειξε ότι το κόστος ζωής πολλές φορές φτάνει να είναι διπλάσιο σε σχέση με την Ελλάδα). Αντίθετα οι διευθυντές λαμβάνουν σχεδόν διπλάσιο μισθό αφού οι μηνιαίες μικτές απολαβές φτάνουν τις 6000 ευρώ. Εργάζονται περίπου 570 ώρες το χρόνο, από 16 μέχρι 24 ώρες την εβδομάδα ανάλογα με την ειδικότητα. Για παράδειγμα οι φιλόλογοι και οι μαθηματικοί εργάζονται 16 ώρες την εβδομάδα, οι ξενόγλωσσοι καθηγητές έχουν δύο ώρες παραπάνω ενώ οι γυμναστές εργάζονται 24 ώρες εβδομαδιαίως. Όπως και στην Ελλάδα και σε αντίθεση με άλλες χώρες της Ευρώπης, δεν χρειάζεται να είναι παρόντες στο σχολείο αν δεν έχουν μάθημα ή αν δεν τους έχει ανατεθεί κάποια άλλη εργασία από τον διευθυντή Τέλος παρέχουν όταν χρειάζεται ενισχυτική διδασκαλία, ακόμη και με δική τους πρωτοβουλία, ενώ δεν είναι αυταρχικοί – αντίθετα παρατηρήθηκε οικειότητα με τους μαθητές (μάλιστα παρατηρήθηκε να μιλάνε στον ενικό, κάτι που για τα δικά μας δεδομένα φαντάζει αφύσικο).

Όσον αφορά τις συνθήκες εργασίας, τόσο η εμπειρία μας από την παρουσία μας εκεί όσο και όσα μας ανέφεραν εκπαιδευτικοί που υπηρετούν το φιλανδικό εκπαιδευτικό σύστημα, δείχνουν ότι αυτές είναι εξαιρετικές. Οι ίδιοι έχουν στη διάθεση τους όλα τα απαραίτητα μέσα για να ολοκληρώσουν αποτελεσματικά τη δουλειά τους ενώ και οι αίθουσες των καθηγητών παρέχουν όλες τις ανέσεις (βλέπε σχετικά την εικόνα 8). Έτσι μπορούν να ξεκουραστούν στους καναπέδες, να φτιάξουν μόνοι τους κάποιο ρόφημα, να κολατσίσουν, να κάνουν μασάζ σε ειδική καρέκλα (!), να σερφάρουν στο διαδίκτυο, να απομονωθούν για να προετοιμαστούν για το μάθημά τους κ.τ.λ.. Επίσης έχουν τεράστια αυτονομία να διαμορφώσουν το μάθημα στην τάξη τους όπως πιστεύουν οι ίδιοι, χωρίς να δέχονται παρεμβολές χρησιμοποιώντας όποιο διδακτικό μέσο επιλέγουν οι ίδιοι! Τέλος έχουν τη δική του αίθουσα όπου φυλάσουν τα προσωπικά τους αντικείμενα, βιβλία και ό,τι άλλο χρειάζεται για το μάθημά τους. Έτσι υποδέχονται τους μαθητές σαν «οικοδεσπότες» στην αίθουσά τους.

Στην Φιλανδία το επάγγελμα του εκπαιδευτικού απολαμβάνει μεγάλη δημοτικότητα ενώ αξιοσημείωτος είναι ο ιδιαίτερος σεβασμός που απολαμβάνουν οι Φιλανδοί εκπαιδευτικοί τόσο από το κράτος όσο και από την κοινωνία την ίδια. Μάλιστα θεωρείται εξίσου σημαντικό με το επάγγελμα του γιατρού ή του δικηγόρου. Σε αυτό συμβάλλει ιδιαίτερα το γεγονός ότι εκπαιδευτικοί γίνονται πάντα οι καλύτεροι μαθητές αφού το σύνολο των

Φιλανδών δασκάλων είναι απόφοιτοι του καλύτερου 10% των τάξεων τους (Sahlberg 2013). Αυτό σημαίνει ότι είναι εξαιρετικά ανταγωνιστικό και συνεπώς δύσκολο να γίνει κάποιος εκπαιδευτικός. Οι γονείς[7] δείχνουν να έχουν τεράστια εμπιστοσύνη στο εκπαιδευτικό σύστημα και στους ίδιους τους εκπαιδευτικούς ενώ έχουν στενή σχέση με τη διεύθυνση και τους εκπαιδευτικούς του σχολείου, συμβάλλοντας εποικοδομητικά στη βελτίωση των παιδιών τους.

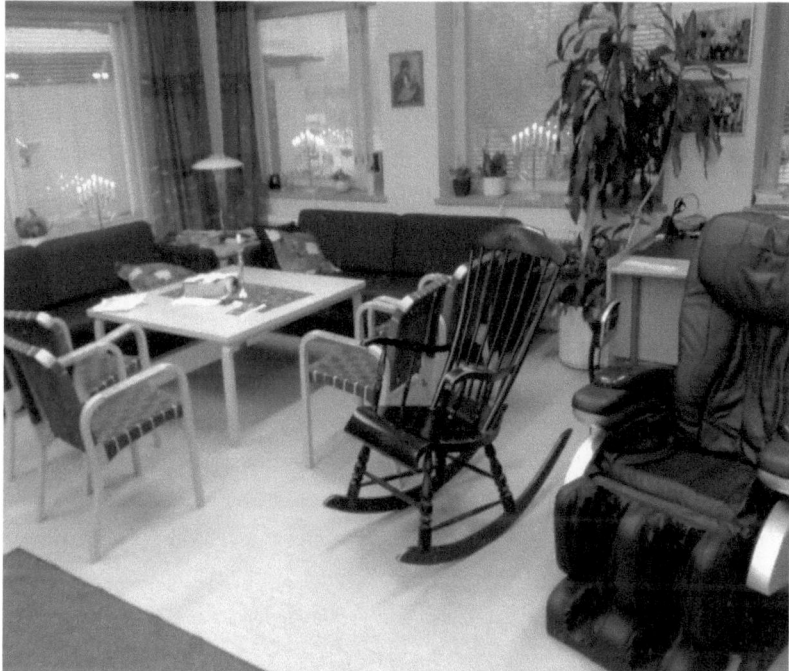

Εικόνα 8: Γραφείο καθηγητών

Όσον αφορά την εξειδίκευση των εκπαιδευτικών, αυτοί στη συντριπτική τους πλειοψηφία έχουν μεταπτυχιακό δίπλωμα, ενώ μετεκπαιδεύονται τακτικά και κατά τη διάρκεια της δουλειάς τους από το ίδιο το κράτος. Οι ίδιοι – όπως μας ανέφεραν, εκτός από τη διδασκαλία ασχολούνται και με ερευνητικά προγράμματα ενώ συμμετέχουν και στο σχεδιασμό και στην

---

[7] Στο σημείο αυτό πρέπει να αναφερθεί ότι οι γονείς συμμετέχουν σε επιλογές που σχετίζονται με την οργάνωση και τη λειτουργία του σχολείου και με αυτόν τον τρόπο έχουν ευθύνη για την διατήρηση της υψηλής ποιότητας εκπαίδευσης των παιδιών τους.

εκπόνηση εκπαιδευτικών προγραμμάτων. Για το λόγο αυτό ο φιλανδικός κρατικός προϋπολογισμός προορίζει περίπου 30 εκατομμύρια δολάρια ετησίως στην επαγγελματική αναβάθμιση των εκπαιδευτικών και των διευθυντών μέσα από κύκλο μαθημάτων που πραγματοποιούνται από τα πανεπιστήμια (Sahlberg 2013: 183). Το γενικό συμπέρασμα που προκύπτει από τα παραπάνω είναι ότι οι Φιλανδοί επένδυσαν στους εκπαιδευτικούς, που δείχνουν να είναι ο βασικός πυλώνας της εκπαίδευσής τους.

Επίλογος

Όταν στις 17 Ιανουαρίου πετούσαμε για το μακρινό Joensuu και έχοντας είδη εμπειρία από εκπαιδευτικά συστήματα άλλων χωρών, αφού στο πρόσφατο παρελθόν είχαμε επισκεφτεί μέσα από ευρωπαϊκά εκπαιδευτικά προγράμματα και άλλες χώρες (Γερμανία, Πορτογαλία, Ιταλία, Πολωνία, Τουρκία) είχαμε ιδιαίτερη περιέργεια να διαπιστώσουμε τι είναι αυτό που οδήγησε το φιλανδικό εκπαιδευτικό σύστημα στο να θεωρείται ως ένα από τα πιο επιτυχημένα και αναγνωρισμένα του κόσμου. Ολοκληρώνοντας αυτή την σύντομη καταγραφή των όσων διαπιστώσαμε κατά τη διάρκεια της παραμονής μας στην Φιλανδία πιστεύουμε ότι πρόκειται για ένα συνδυασμό παραγόντων (υλικών και μη) που συνέβαλαν στην άνοδο του συγκεκριμένου εκπαιδευτικού συστήματος. Το σημαντικότερο όμως είναι ότι οι Φιλανδοί επένδυσαν στην εκπαίδευση, όχι μόνο σε υλικοτεχνικές υποδομές και σε χρήμα αλλά σε φιλοσοφία και στάση ζωής! Θεωρούν ότι η εκπαίδευση είναι ότι πολυτιμότερο εφόδιο έχουν να δώσουν στη νέα γενιά, στα παιδιά τους και για το λόγο αυτό επιλέγουν τους καλύτερους να εκπαιδεύουν τα παιδιά τους. Παράλληλα στόχος του συστήματος είναι όλα τα παιδιά, ανεξαιρέτως ικανοτήτων να τελειώσουν την βασική τους εκπαίδευσή στο σχολείο χωρίς να υπάρχει εκπαίδευση διαφορετικών ταχυτήτων.

Εμείς προσωπικά πιστεύουμε ότι το ελληνικό εκπαιδευτικό σύστημα μπορεί να διδαχτεί πολλά από το φιλανδικό και ιδιαίτερα τη στιγμή αυτή που η χώρα μας λόγω της μεγάλης οικονομικής και κοινωνικής κρίσης βρίσκεται σε στάδιο αναδιοργάνωσης σε πολλούς τομείς, ανάμεσα στα άλλα και στην εκπαίδευση. Εξάλλου η εκπαίδευση είναι ο βασικότερος παράγοντας για την βελτίωση του επιπέδου ζωής μιας κοινωνίας και γι' αυτό το λόγο πρέπει να είναι προτεραιότητα ιδιαίτερα στην εποχή που ζούμε!

Ενδεικτική Βιβλιογραφία

1. Berry, J. and Sahlberg, P. 2006. Accountability affects the use of small group learning in school mathematics. Nordic Studies in Mathematics Education, 11(1), 5 – 31.

2. Finnish Ministry of Education (2005). *Equity in Education Thematic Review: Country Analytical Report.* Προσπελάστηκε στις 25 Ιουνίου 2015 από: http://www.oecd.org/dataoecd/50/15/38692775.pdf.

3. Finnish National Board of Education (2004). *National Core Curriculum for Basic Education 2004: Part II, Chapters 7, 7.1 - 7.3.* Προσπελάστηκε στις 25 Ιουνίου 2015 από:

   http://www.oph.fi/instancedata/prime_product_julkaisu/oph/embeds/47675_POPS_net_new_2.pdf.

4. Finnish National Board of Education (2006). *Immigrant Education in Finland.*

   Προσπελάστηκε στις 25 Ιουνίου 2015 από:
   http://www.oph.fi/instancedata/prime_product_julkaisu/oph/embeds/47659_OPH_maaha
   nmuu.ajaesite_envalmis.pdf.

5. Kansanen, P. (2003). Teacher education in Finland: Current models and new developments. In B. Moon, L. Vlăsceanu, & C. Barrows (Eds.), *Institutional approaches to teacher education within higher education in Europe: Current models and new developments* (pp. 85-108). Bucharest: Unesko – Cepes.

6. OECD (2002), *Reading for Change: Performance and Engagement Across Countries. Results from PISA 2000.* Προσπελάστηκε στις 03 Μαΐου 2004 από: http://www.pisa.oecd.org.

7. Sahlberg, P. 2007. Education policies for raising student learning: The Finnish approach. Journal of Education Policy, 22(2), 173-197.

8. Sahlberg, P. 2011. Lessons from Finland. American Educator, 35(2), 32-36.

9. Sahlberg, P. 2012. A Model Lesson. Finland shows us how equal opportunity looks like. American Educator, 36(2), 20-27.

10. Sahlberg, P. 2012. Finland: A non-competitive education for competitive economy. In OECD: Strong performers and successful reformers – Lessons from PISA for Japan. Paris: OECD, pp. 93-111.

11. Sahlberg, P. 2012. Quality and Equity in Finnish Schools. School Administrator, September 2012.

12. Sahlberg, P. (2013). *Φιλανδικά Μαθήματα: Τι μπορεί να μάθει ο κόσμος από την εκπαιδευτική αλλαγή στη Φινλανδία;* Ελληνική Μετάφραση: Κοτσυφού Ελένη. Θεσσαλονίκη: Επίκεντρο.

YOUR KNOWLEDGE HAS VALUE

- We will publish your bachelor's and master's thesis, essays and papers

- Your own eBook and book - sold worldwide in all relevant shops

- Earn money with each sale

Upload your text at www.GRIN.com
and publish for free